DE L'ALLEMAGNE.

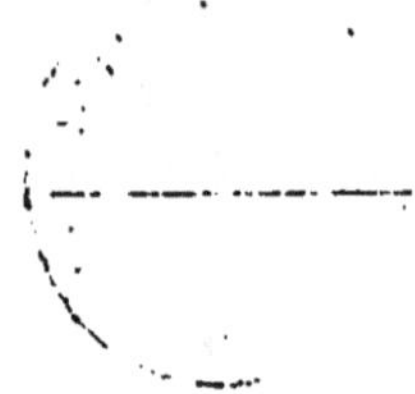

Monsieur Heine vient de recevoir une réponse à son livre DE L'ALLEMAGNE, qu'il avait dédié au PÈRE.

Bien que cette réponse ne fût pas destinée à l'impression, j'ai cru devoir, avec l'assentiment de M. Heine, lui donner une sorte de *demi-publicité*, en la livrant aux méditations des penseurs et des hommes d'état de tout parti et de toute nation, qui, par leur *savoir* ou par leur *pouvoir*, sont appelés à influer sur les destinées de l'Europe et du monde.

DUGUET.

Paris, 4 janvier 1856.

HEINE

A PROSPER ENFANTIN,

EN ÉGYPTE.

Paris, mai 1835.

Vous avez désiré connaître la marche des idées en Allemagne dans ces derniers temps, et les rapports qui rattachent le mouvement intellectuel de ce pays à la synthèse de la Doctrine.

Je vous remercie de l'honneur que vous m'avez fait en me demandant de vous édifier sur ce sujet, et je suis heureux de trouver cette occasion de communier avec vous à travers l'espace.

Permettez-moi de vous offrir ce livre ; je voudrais croire qu'il pourra répondre au besoin de votre pensée. Quoi qu'il en puisse être, je vous prie de vouloir bien l'accepter comme un témoignage de sympathie respectueuse.

P. ENFANTIN

A MONSIEUR HEINE.

Égypte.

Mon cher monsieur Heine,

Lorsque je témoignai le désir de connaître par vous l'état actuel des esprits en Allemagne, je n'espérais pas, je l'avoue, une réponse aussi prompte et aussi étendue: je ne pouvais pas m'attendre surtout à une forme aussi agréable. Merci. Vous avez pensé qu'éloigné comme je le suis de presque toutes les personnes que j'aime, et souvent encore poursuivi jusqu'ici par le retentissement des injures que le monde européen m'a prodiguées, vous avez pensé qu'un témoignage public de sympathie me serait doux; vous ne vous êtes pas trompé; encore une fois, merci.

Je n'ai reçu que depuis mon retour au Caire, il y a quelques jours, votre ouvrage; je l'ai lu aussitôt, et malgré tout le plaisir qu'il m'a causé, il me laisse un vide que vous seul pouvez combler; je m'explique.

J'ai passé en revue avec vous tous les grands noms philosophiques de l'Allemagne; mais tous ces noms sont du passé pour moi, c'est une *histoire*. Tous ces hommes ont accompli leur tâche, tandis qu'il en existe aujourd'hui qui commencent la leur, et qu'un œil comme le vôtre doit reconnaître dans la foule. Il y a de jeunes hommes en Allemagne, auxquels le public n'a encore décerné que médiocrement les outrages ou la gloire, qu'il ignore même, et qui cependant portent en eux l'avenir. Il y a en Allemagne les frères des jeunes hommes avec lesquels vous aimez en France à communier, et ces frères sont réciproquement inconnus les uns aux autres. C'est à vous à unir leurs mains et à poser sur leur tête un signe qui les fasse se reconnaître. Ce ne sera plus de l'histoire, ce sera de la politique vivante que vous ferez, ce sera de la religion. Et ici votre tâche sera plus douce, car vous aurez bien plutôt à signaler les éléments du progrès que les instruments de retardement; vous ferez œuvre de poésie descriptive plutôt qu'œuvre de critique philosophique; vous vous ferez moins craindre, mais plus aimer.

Ne redoutez pas surtout de *hasarder* des prophéties sur l'avenir de quelques jeunes ames que le monde ne connaît point et qui s'ignorent elles-mêmes; avec le sentiment profond du progrès qui est en vous, vous pouvez vous laisser aller à vos sympathies; ceux que votre cœur désignera n'attendent peut-être que votre parole pour avoir foi en eux-mêmes, et les erreurs que vous pourriez commettre, dans ces canonisations anticipées, n'ont pas les inconvénients qu'elles auraient en France: la consciencieuse modestie des Allemands a besoin de ce secours, inutile et souvent dangereux pour l'assurance française.

Voyez à quoi vous vous êtes exposé, mon cher monsieur, en me dédiant votre Allemagne; vous m'avez fait désirer, et je demande. Encore une prière.

Après ces deux volumes, spécialement consacrés à la philosophie dogmatique, littéraire et religieuse, je pense que vous vous proposez d'en écrire d'autres sur la situation

politique, morale, artistique et industrielle de l'Allemagne. Ici peut-être n'aurez-vous pas un type comme Spinosa, auquel vous pourrez rapporter tous les progrès: ce
ne sera plus un *homme*, un *héros*, ce seront les masses,
ce sera le PEUPLE qui vous servira de mètre, de criterium,
et c'est aussi à lui que vous vous adresserez; c'est sa langue
que vous parlerez, comme c'est aux philosophes que vous
venez de parler, et dans leur langue. En d'autres termes,
le panthéisme dont la traduction en langue politique est:
ASSOCIATION DES PEUPLES ENTRE EUX ET DE L'HUMA-
NITÉ AVEC LE GLOBE, le panthéisme est-il entré dans les
masses, et, s'il y est, n'a-t-il pas grand besoin d'excitation
puissante pour s'y développer? Les œuvres *d'art* et *d'industrie*, la *morale* et la *politique*, portent-elles de plus
en plus son cachet, comme la philosophie? Je le crois,
mais il serait bon d'en donner les preuves. Or je conçois
deux sortes de preuves pour atteindre un pareil but: la
preuve historique, que je nommerai preuve de *droit*, et
la preuve d'art, que je nommerai preuve de *fait;* la première basée sur les *traditions*, l'autre sur les *espérances*
populaires; l'une *racontant*, l'autre *imaginant* la marche du peuple vers le panthéisme politique et industriel,
toutes deux exprimant la transition du patriotisme à la
philanthropie et de l'exploitation du globe à l'association
avec le globe, toutes deux fondues dans un drame vivant,
palpitant, *présent,* qui serait de toutes les preuves la meil-
leure.

Je crois que jusqu'à présent on n'a pas religieusement
utilisé pour l'Allemagne le grand drame napoléonien, et
c'est par-là surtout qu'il serait beau de rectifier, de transformer madame de Staël, de lui succéder.

Vous êtes parti de Luther, et vous finissez à peu près
par M. Cousin; vous, ami du progrès, vous deviez finir

par Napoléon, ou au moins vous devez recommencer par lui, par son époque, par son *peuple*. Je dis par son *peuple*, parce qu'il n'y a plus de difficulté à faire adopter aux Allemands un étranger, Descartes ou Spinosa, par exemple, pour initiateur, voire Napoléon, quoiqu'un empereur passe plus difficilement qu'un philosophe; mais reconnaître un *peuple* comme inspirateur, c'est très difficile, si j'en juge par votre prophétie sur la révolution allemande, et vos conseils à la France en pareil cas, que je ne prends cependant pas à la lettre. Or nous marchons vers l'association des *peuples*, et il s'agit d'y contribuer, comme vous venez de travailler à celle des philosophes français et allemands.

Voyez votre belle décomposition de la philosophie cartésienne ou française, en philosophie anglaise et allemande, toutes deux résumées ensuite par le GRAND JUIF. Un Juif initiateur des chrétiens! c'aurait été au moyenâge un blasphème pour lequel vous auriez été brûlé; aujourd'hui peut-être serez-vous brûlé en effigie dans quelques universités allemandes, si vous dites que les Français ont initié l'Europe au panthéisme en politique et en industrie; mais, parmi toutes les vérités, celles qui donnent à leurs apôtres un peu de martyre ne sont pas à dédaigner.

Je reviens au drame que j'ai nommé napoléonien, pour conserver la forme aristocratique que vous avez adoptée, en prenant des hommes pour têtes de chapitre. Aujourd'hui, dis-je, ce sont des *peuples* qu'il faut faire entrer en famille, comme vous avez fait pour Descartes, Locke, Leibnitz et Spinosa, tous de nations différentes, et pour tous les autres philosophes que vous avez fait descendre de la triple souche cartésienne. Ce sont des peuples; par conséquent, le drame napoléonien s'appellerait plutôt révolution française, révolution européenne, universelle, panthéistique. Or, révolution française, en politique et en industrie, c'est Luther en religion et en philosophie; et vous voyez que là ce n'est plus un homme, c'est un peuple qu'il faut prendre. Comment, par la révolution française, le panthéisme politique et industriel est-il né, et se répand-il en Allemagne? Quels rôles remplissent l'Autriche, la Prusse et les États dits Confédération du Rhin, dans l'assimilation de cette vie nouvelle? Dans quels lieux et comment la politique, les mœurs, l'industrie et l'art s'emparent-ils des sentiments panthéistiques qui viennent d'éclater en France?

En effet, la révolution française est bien l'expression humaine, populaire, vivante, de la foi panthéistique de Spinosa, non dans sa partie pratique et destructive, mais dans sa partie théorique. Philanthropie, association entre les peuples, liberté des échanges, tolérance religieuse, voilà ce que tout le monde rêve, au milieu des échafauds, de la guerre, du maximum, et de l'incendie des couvents et des églises.

Cette contradiction entre le rêve et la réalité, entre la théorie et la pratique, est même (soit dit en passant pour que la manière dont j'ai parlé du spinosisme n'induise pas à erreur), cette contradiction est une preuve de l'imperfection du panthéisme éminemment théorique, éminemment philosophique et non religieux de Spinosa, imperfection qui consiste dans le peu de place qu'y occupe, si même il s'y trouve, le sentiment de *hiérarchie*, l'appréciation des *différences*, la distinction du *bien* et du *mal*, imperfection qui le rend impropre à la pratique, à la politique, parce qu'il n'implique pas autant l'idée d'ordre que celle de liberté, parce qu'il n'engendre directement que celle d'égalité, les différences devenant des infiniment petits négligeables.

Mais ne discutons pas ici le spinosisme ; du panthéisme *confus* au panthéisme *ordonné*, il y a toute la distance qui sépare les mots philosophie et religion, et j'admets qu'on peut être très utile aujourd'hui en se tenant dans ou du moins *sur* les limites de la philosophie.

Revenons encore à notre révolution française.

Vous vous rappelez peut-être que, dans *le Globe*, nous avions ainsi caractérisé l'affamiliation des trois grands peuples européens, en les rattachant à notre trinité, RELIGION, Science, Industrie, savoir : La FRANCE, l'Allemagne et l'Angleterre; et nous en avions conclu une division de travail dans la grande œuvre du progrès humanitaire. Une décomposition semblable de la famille allemande me parait devoir être faite, si l'on ne veut pas tuer l'Allemagne, en cherchant à l'emprisonner dans l'unité *confuse* à laquelle conduirait le vieux patriotisme germanique des écoles. Et c'est en appréciant la forme sous laquelle, dans chacune des parties de l'Allemagne, le panthéisme de la révolution française s'est introduit et propagé, que cette classification trinaire pourrait être faite.

Peut-être vais-je blesser vos sympathies, en vous disant, sous ce rapport, mon opinion; mais vous connaissez plus que moi l'Allemagne, vous rectifierez ce que vous croirez une erreur.

Luther avait commencé la réforme en Allemagne, l'Angleterre fit ensuite la sienne, puis vint la France; et pourtant la FRANCE me paraît répondre au mot RELIGION, l'Allemagne à la Science, et l'Angleterre à l'Industrie; Luther fit une réforme plus théorique que pratique, l'Angleterre fit le contraire; mais la France fit une vraie *révolution*, morale, politique, religieuse.

Et cependant la France a dû paraître bien arriérée aux

Allemands, alors qu'elle massacrait et chassait les hugue-
nots, ou même alors qu'elle se couvrait du manteau troué
de Bossuet, pour cacher son timide protestantisme. Elle
devait paraître bien servile aux Anglais, alors qu'elle
pliait encore devant un despote et que la tête d'un roi
tombait à Londres sous la hache du bourreau. Eh bien!
malgré tout cela, la France, un beau jour, a brisé tous les
trônes, et a fait des écuries, des greniers à foin et des
casernes de ses églises.

De même, c'est à l'Autriche que je donne le rôle sa-
cerdotal, parce que c'est elle qui a réellement *gouverné*
l'Allemagne pendant et depuis la révolution française; je
le lui donne précisément parce qu'elle a résisté à l'envahissement des idées révolutionnaires dont les autres États
allemands, sans elle, se seraient enivrés. En fait, c'est
M. de Metternich et la diète autrichienne de Francfort
qui, au dehors et au dedans, ont conduit les destinées
germaines; comme la France, par Bossuet et Louis XIV.
avait conduit les destinées chrétiennes et monarchiques de
l'Europe, à travers Luther et la révolution anglaise; par
Bossuet, le premier et le plus grand *juste-milieu* du
monde; par Louis XIV, colossal *révolutionnaire* qui a
tué la féodalité dans la noblesse bien plus radicalement
que n'ont pu le faire l'Angleterre et l'Allemagne.

Voyons donc d'un peu haut l'Autriche, regardons au
loin dans son avenir, et ne la jugeons pas trop sur les
apparences; mais surtout ne prenez pas les analogies que
je viens d'établir pour des identités; car il ne s'agit pour
l'avenir ni de hache de bourreau ni de torche de sans-
culotte.

L'Autriche va sortir de son sommeil apparent; c'est
en elle que gît vraiment la *moralité* allemande, la vie du
Saint Empire. Ce n'est que lorsqu'elle aura une *foi*, une

volonté que l'Allemagne tout entière pourra marcher d'ensemble, avec unité; jusque là tous les efforts, très louables d'ailleurs, des autres membres de l'unité germaine seront désordonnés et sans grands résultats; ce sont les oscillations des bras et le balancement des jarrets, mais ce n'est pas le saut que le corps germanique doit faire.

L'Autriche est dépositaire de l'ordre, de la hiérarchie, du sentiment du devoir et surtout de celui de la paix; elle n'a besoin que de les transformer; tandis qu'en Prusse et sur le Rhin, il faut les faire renaître; ils y sont morts; et je me réjouis de voir que la Bavière pourra donner, la première, la main à l'Autriche, quand il en sera temps, grace au mouvement catholique qu'elle manifeste.

Et si, pour confirmer ces idées, pour lesquelles je ne me suis appuyé que sur notre Europe telle qu'elle était au traité de Westphalie, j'agrandis la scène; si je lève le rideau qui nous sépare du Nord et qui nous cacha le soleil d'Orient; si j'entre dans la politique du grand continent européen, asiatique, africain, dites, n'est-ce pas l'Autriche qui, de toutes les puissances d'Allemagne, devra jouer le grand rôle dans cette immense politique? Or, c'est là la politique panthéistique vers laquelle nous marchons, et dans laquelle les petites politiques des nations viendront éteindre leurs mesquines jalousies.

Si nous reconnaissons que le dogme de la liberté et de l'égalité est incomplet, imparfait pour diriger les peuples, bénissons donc l'Autriche d'avoir résisté comme elle l'a fait à l'envahissement de ces idées purement révolutionnaires, et de les avoir repoussées même dans un Joseph II; bénissons la patience sublime de ce peuple qui revenait sans cesse se faire sabrer par la révolution incarnée dans Napoléon, et ne se lassait point de son humiliation et de ses défaites; bénissons l'Autriche de ce qu'elle donne un noble asile aux derniers représentants du droit féodal, à nos vieux Bourbons; car Dieu n'a pas dit encore son dernier mot sur la forme de la transaction par laquelle l'humanité annule un vieux *droit* et lui en substitue un nouveau; bénissons-la enfin de ce qu'elle a passé par-dessus les Alpes une main pesante qui comprime les peuples d'Italie et les empêche de se poignarder. Entourée de nations où fermente la liberté, sa voix calme et grave répète sans cesse : ENFANTS, VOUS N'AIMEZ PAS L'ORDRE, VOUS N'ÊTES PAS MÛRS POUR LA LIBERTÉ.

La guerre contre la Sainte-Alliance, contre la diète de Francfort, contre l'obscurantisme des cabinets, me paraît donc chose usée, du moins pour les hommes de forte trempe; il est bon, sans doute, qu'il y ait encore une masse de publicistes quotidiens et autres, qui criaillent sur ce ton, comme il était bon que plusieurs criassent contre les jésuites et pour les biens nationaux, sous la Restauration; mais c'est une petite guerre et une triste chanson. DIEU ne distribue pas aveuglément la puissance dans le monde, et il ne la jette point devant nous seulement pour que nous la foulions aux pieds; l'homme religieux ne saurait trop s'appliquer à découvrir pour quel but DIEU la donne, et à manier et perfectionner l'instrument qui la renferme, non à le briser.

L'Autriche est donc, selon moi, le centre, l'*ame* de la vie allemande, et la Prusse savante en est l'*intelligence*, tandis que les *bras* de ce grand corps s'étendent le long du Rhin. A la Prusse le sentiment de l'*unité*, aux États du Rhin la *multiplicité*; aussi ces derniers sont-ils constitutionnels, tandis que la Prusse reste encore monarchique, malgré ses théories de liberté, parce que l'unité est sa première condition d'existence. Au Nord la science, et surtout le perfectionnement de la science; à l'Ouest l'industrie, la pratique, et particulièrement aussi l'enseignement de la science; au centre et au Midi l'amour, la religion, la *musique*, la paix. Oui, c'est parce qu'elle est conservatrice des sentiments sociaux, généraux, religieux, politiques, pacifiques, harmoniques, que je place l'Autriche entre tous les États allemands, comme la France entre l'Angleterre et l'Allemagne; la France qui n'a pu se faire protestante comme l'Allemagne, parce qu'elle est trop *universelle*, la France qui ne saurait vivre long-temps du régime constitutionnel comme l'Angleterre, parce qu'elle aime le grand, le beau, la gloire, et que le parlementarisme ne donne qu'un juste-milieu entre le grand et le petit, le beau et le laid, la gloire et le déshonneur. Et de même l'Autriche, avec un instinct sublime, plein de prudence, de raison, de bonhomie, l'Autriche n'a pas encore pu croire que les jeunes gens des écoles, et les avocats, et les médecins, et quelques bourgeois beaux parleurs de salon, connussent mieux les besoins du peuple et entendissent mieux la politique européenne, universelle, que M. de Metternich et tous ses vieux diplomates et administrateurs, nés, élevés, et blanchis dans les affaires.

Je me laisse aller beaucoup plus loin que je ne pensais, en causant avec vous, mon cher monsieur, et pourtant je crains, le sujet est si vaste, d'avoir été obscur, comme il m'est arrivé d'autres fois, m'a-t-on dit. Je sens surtout combien tout ceci est incomplet pour rendre la pensée qui m'agite et que je crois utile de vous dire.

Une autre forme rendra peut-être plus claire cette pensée.

M. de Talleyrand a vu, à la fin de sa carrière, se réaliser le rêve de sa vie, l'union de la France et de l'Angleterre;

c'est un intérêt commun qui les lie et les force à la paix. L'union de la France et de l'Allemagne est un but digne d'émouvoir aujourd'hui l'ambition des hommes politiques ; aussi beaucoup s'en occupent ; mais par cela seul qu'on ne sent pas, en général, que c'est, avant tout, l'Autriche qu'il faut lier à la France, on se consume en efforts qui seraient souvent de nature à retarder plutôt qu'à hâter cette union. Ainsi, montrer, comme vous le faites, la communion de *doctrine* du nord de l'Allemagne avec la France, et faire sentir, comme l'ont fait bien d'autres, la communauté d'*intérêts* des États du Rhin et de la France, c'est, pour le but dont je parle, faire comme nos ultras et nos libéraux français, qui auraient volontiers porté une armée française en Irlande pour sauver son catholicisme et son indépendance, et qui, par la profession de pareilles sympathies, servaient momentanément l'Irlande, il est vrai, mais nuisaient indirectement à l'union de la France avec la Grande-Bretagne. Je sais bien que les praticiens politiques, plus clairvoyants que les théoriciens, sentent parfaitement que l'union avec l'Autriche est plus importante que celle avec la Prusse et tous les petits royaumes du Rhin ; mais leur erreur est de penser qu'ils pourront parvenir à cette union par le même moyen qui a déterminé celle avec l'Angleterre, par l'intérêt, et cette erreur leur fait commettre un véritable *non-sens ;* ainsi ils lui font peur, tant qu'ils peuvent, du *Barbare du Nord,* oubliant que ce Barbare est précisément, aux yeux de l'Autriche, le défenseur des grands principes sociaux, ordre, autorité, religion, et que selon elle, **DIEU** n'a donné place à la Russie dans la politique européenne, que pour sauver le monde des envahissements de l'anarchie, de la démocratie, de l'athéisme. — Non, ce n'est pas par un *intérêt* commun, c'est par un *devoir* commun qu'on peut s'unir avec l'Autriche : il faut parler à son *ame* éminemment prudente et sage, et non à sa *bourse;* car son peuple jouit de plus d'aisance que le peuple anglais et ses grands ne sont pas avides comme des lords.

Vous qui vous sentez mission de contribuer à l'union de ces deux grands peuples, hâtez-vous donc d'aborder, vous poëte, un sujet où votre verve puisse se prendre et votre ame se peindre; quittez les bancs et les chaires de la philosophie; ce n'est pas là que vous devez reprendre et continuer madame de Staël. Faites-nous connaître le *cœur* de l'Allemand et non les mystères de sa *pensée;* osez dire bien haut les vertus de ce peuple sage, laborieux, économe, bon, éclairé, que Napoléon et nos libéraux nous ont tant appris à regarder comme des automates ignares, abrutis par le despotisme. Parlez-nous de son beau fleuve, de sa riche terre, de ses tranquilles villages, de ses mœurs si simples, si patriarcales, depuis l'empereur jusqu'au paysan; rappelez-nous les traditions de grandeur et de dignité de ce Saint-Empire, qui sont encore vivantes, tandis que partout ailleurs disparaissent la grandeur et la dignité; dites à tous les hommes qui aiment l'harmonie ce qu'ils doivent espérer d'un peuple qui a enfanté Gluck, Haydn, Mozart, Beethoven, d'un peuple qui a mêlé à son sang, dans ses veines allemandes, tant du sang poétique de l'Italie et de l'Espagne, d'un peuple qui a si long-temps porté sur sa tête l'une des deux couronnes du monde chrétien, et qui, malgré Luther, malgré Napoléon, la conserve encore; alors vous aurez le droit de vous faire écouter, même à la diète de Francfort, quand vous réclamerez pour le brave Kaïserlich un peu plus d'indépendance, de liberté.

C'est si beau un peuple qui, à cette époque où toutes les bases de l'ordre social ont été ébranlées, fouillées, bouleversées, a conservé sa vieille foi tant qu'une nouvelle croyance n'est pas venue le saisir au *cœur;* un peuple qui sait tout ce que *l'intelligence* et la *force* de l'homme ont fait pour détruire l'édifice du passé, mais qui, n'ayant pas vu qu'une ame élue de **DIEU** ait inspiré et dessiné le plan de l'édifice nouveau. : *garde* prudemment son vieux château gothique et sa vieille cathédrale, qu'il préfère encore à nos maisons bourgeoises et à nos salles de députés! C'est beau comme De Maistre, comme Bonald, comme Chateaubriand et Lamartine. Lorsque nous rêvons avec ces grands *poètes*, de même que lorsque nous suivons le Danube, nous rencontrons, jusque dans la plus petite masure, une famille, une religion, une autorité, nous, pauvres orphelins, qui n'avons plus de CHEF, de **DIEU**, de PÈRE.

Je serais heureux si je parvenais à vous faire partager le sentiment que m'inspirent de pareils hommes et un pareil peuple, car vous savez assez que je n'ai pas plus que vous le désir de voir régner dans l'avenir la morale, la religion et la politique du passé; mais je me crois seulement juste et vrai quand je les admire encore aujourd'hui, et je crois même que c'est un bon *calcul* de chercher à les convertir plutôt qu'à les écraser [1]. De plus forts que nous à détruire ont essayé et n'ont pas pu; construisons donc sagement, et pour cela employons les bons matériaux du passé, ceux sur lesquels la massue et la hache ont passé et n'ont rien fait; ce serait folie de ne pas en tirer parti, et surtout de perdre son temps à vouloir les réduire en poussière.

Je me crois seulement juste et vrai, dis-je, et tant qu'on ne sera pas juste et vrai avec l'Autrichien, on n'aura pas prise sur lui; vérité, justice, franchise sont des vertus innées

(1) Voyez comment Chateaubriand s'est converti, comment Lamartine se convertit chaque jour; est-ce parce qu'on leur a fait peur ou parce que leur intérêt matériel les pousse? Non, c'est parce qu'ils ont du cœur et qu'ils aiment la gloire; on a parlé à leur cœur, et on leur donne ce qu'ils aiment.

chez lui. Remarquez bien que je dis l'Autrichien en général,
et que je ne tiens pas compte de quelques jésuites ou com-
missaires de police de chancellerie, qui d'ailleurs sont souvent des étrangers.

A propos de justice, êtes-vous *bien certain* que M. Schelling soit un homme vendu?

J'aurais aimé à croire que M. Schelling, comme quelques
autres philosophes, s'était aperçu, en s'occupant un peu
plus de la *pratique*, que sa philosophie ne tenait pas
toujours assez compte d'un élément très important dans les
affaires humaines, du temps. Chose curieuse, il semblerait
que les savants, les théoriciens, hommes de l'esprit, de la
pensée, du nombre, du *temps*, devraient être moins *pressés*
que les praticiens de voir réaliser des théories; pas du tout.
Je crois pourtant qu'il en sera ainsi un jour, mais à une
condition, c'est qu'avant toutes choses ils croiront, comme
Lessing, à la *vie éternelle*. Aujourd'hui cette croyance est
rare chez les philosophes; aussi lorsqu'entrant aux affaires ils s'aperçoivent des impossibilités pratiques de
leurs systèmes, déroutés, ils se jettent souvent dans l'ornière
de ceux qui les ont précédés, n'y marchant qu'au jour le
jour, et résistant même à leurs anciennes théories; mais
cette réaction toute naturelle prouve moins d'égoïsme que
d'embarras; elle ne prouve pas surtout qu'on travaille *con-
sciencieusement* à faire le malheur des peuples.

Puisque j'ai parlé de la vie éternelle, je vous demanderai
si vous n'êtes pas étonné, vous qui parlez dans ces deux
premiers volumes de religion, de philosophie et de morale,
de n'avoir rien dit sur la vie éternelle, sur le : *d'où viens-
je et où vais-je?* sur les récompenses et les peines, en un
mot, sur le progrès de l'*être*, vous qui parlez si bien des
progrès de l'*humanité*. Ah! n'oubliez pas *cela* quand vous
parlerez à l'Autriche! le bon Autrichien repousserait encore

et votre philosophie, et votre Dieu, et votre politique, et votre liberté, et vous-même, et il aurait raison.

Cette digression sur M. Schelling me conduit à une observation plus générale.

Vous aimez trop l'Allemagne, mon cher monsieur, et vous m'avez donné à moi-même un témoignage trop certain de votre affection, pour que je puisse craindre de vous blesser en élevant jusqu'au ton du reproche l'opinion que j'émets sur votre ouvrage : je le ferai donc.

Non, l'Allemagne n'a pas besoin qu'on neutralise par des *plaisanteries profanes* l'influence de la religion (pag. 5). C'est par des moyens sérieux, graves, qu'il faut, non pas neutraliser, mais transformer la religion des Allemands; et ce n'est pas non plus par une critique amère d'hommes qui, malgré leurs fautes, ont rendu de grands services à l'humanité, qu'on doit combattre des opinions et des actes que l'on juge rétrogrades; car il n'est presque aucun des hommes ainsi critiqués qui n'ait la conscience de tenir une conduite favorable à leurs semblables; et ils n'ont pas toujours tort. Il est souvent bon, sans doute, d'unir la sévérité à la justice; mais rien ne légitime l'ingratitude; les hommes puissants ne sont déjà pas si nombreux que nous nous empressions d'en rouler une partie dans la boue.

Croyez-en, mon cher monsieur Heine, un homme qui a reçu de tous injures et mépris, pour ses travaux, pour sa vie, et qui attend toutefois avec calme la justice du monde; croyez-moi, vous qui êtes un des premiers organes de cette justice, et qui êtes venu guérir l'une des innombrables blessures de mon cœur; croyez-moi, rien de plus sacré pour l'homme que l'homme lui-même; or, sur les choses sacrées, abstenons-nous de la plaisanterie profane. L'homme qui met au pilori voltairien son semblable, remplit les fonctions de bourreau, non d'enseigneur, de prêtre, de père de l'humanité; laissons aux enfants du passé ces armes que réprouve déjà le présent et que brisera l'avenir. Je vais plus loin et j'affirme qu'en *thèse générale* il est aussi immoral de dévoiler *publiquement* les fautes et les faiblesses d'un homme puissant, surtout *durant sa vie*. qu'il était immoral à Rousseau (qui ne se serait pas confessé à un prêtre) de jeter la confession de ses turpitudes à la face du monde; car on écrase ainsi ou bien on exaspère de fortes ames, et d'une autre part on répand dans les masses une défiance funeste, on les met en garde contre la science et le génie. Si l'on publiait avec soin tous les noms des malades tués ou estropiés par les Dupuytren, les Dubois, les Broussais, les Récamier, nous retomberions bien vite dans les mains des sorciers et des bonnes femmes, et dans tous les cas nous augmenterions nos chances de mort, car le malade qui n'a pas confiance dans son médecin est à moitié mort d'avance.

Moi, qui suis si heureux d'avoir lu vos deux premiers volumes, et qui ai bien su discerner ce que vous avez cru devoir de concessions à l'esprit critique de vos lecteurs français et allemands, je vous blâme! C'est parce que, je l'espère, vous verrez dans ces reproches une preuve de l'intérêt que je prends à vos travaux, et de l'affection que votre délicate et reconnaissante attention pour moi m'a inspirée; c'est parce que j'ai senti votre cœur dans votre hardie dédicace, que je m'adresse à votre cœur, et que je vous traite comme étant de ma famille.

Je relis ce que j'ai écrit, et je sens la nécessité d'ajouter quelques mots pour expliquer plus clairement ma pensée première, ma *preuve de droit et de fait*, historique et artistique, et de la rattacher à ce que je vous dis de l'Autriche et de la révolution française.

Une *histoire* de l'Autriche depuis Luther, sa position

à l'égard de la Turquie et de la Russie d'une part, de l'autre à l'égard des États européens, cette position du SAINT-Empire entre le protestantisme allemand, le protestantisme grec et le mahométisme, qui est cause et effet de son immobilité, n'a pas été jusqu'ici assez appréciée; car, si elle l'avait été, il y aurait injustice criante à lui reprocher cette immobilité qui nous a sauvés tous de l'autocratie mahométane, de l'autocratie russe, et même de la théocratie romaine; et c'est encore la persévérante Autriche qui a le plus contribué de son sang à nous sauver de l'autocratie napoléonienne.

Robertson a fait un beau tableau de l'Europe pour écrire son Charles V; il faut refaire et continuer ce tableau pour écrire la vie du peuple autrichien au dix-neuvième siècle. Cette *histoire* sera grande comme le *Requiem* de Mozart, car il s'agit d'enterrer dignement le moyen-âge qui a deux tombeaux, l'un à Vienne, l'autre à Rome, et de préluder à sa transfiguration.

J'ai parlé de l'*histoire*, et j'ai nommé Robertson, comme exemple; quant à l'*art*, Schiller a fait don Carlos, qui est l'analogue de l'œuvre d'*art* que je conçois. Mais aujourd'hui les formes changent; il ne s'agit plus, pour le *récit*, d'un Charles V, pour le *drame*, d'un Posa; ce sont des *peuples* qu'il faut peindre et mettre en scène à la manière biblique; c'est la PASSION (la France), et la *Sagesse* (l'Autriche), qu'il faut incarner dans des masses et non plus dans des hommes.

Qu'est devenu le PEUPLE DE **DIEU** depuis la venue de JÉSUS?

Il est parti avec saint Paul et s'est emparé du vieil empire romain; puis, après six siècles de travaux inouïs pour pacifier les Barbares, il est reparti pour l'Orient, où, à la suite de Mahomet, il a détruit bien des fétiches et brisé

bien des idoles; et après six siècles encore, ses tribus
s'étant grossies en Orient comme en Occident, il est re-
venu visiter ses conquêtes d'Orient. Infatigable voya-
geur, en tous lieux il laisse des lévites, et tous, un jour,
à un même signe, doivent se reconnaître. Il retrouve ses
lévites en Occident, qui sommeillent; il les secoue avec
Luther, et, cherchant toujours la terre promise, il marche,
sur les vaisseaux espagnols, portugais, anglais, hollan-
dais, français à la découverte d'un nouveau monde; là
il détruit encore des fétiches et des idoles, et il court en
détruire encore en Afrique, dans l'Inde, posant toujours
des lévites en sentinelles chez tous les peuples qu'il vi-
site, et grandissant toujours en nombre et en puissance.
Enfin, il revient encore une fois en Europe, et, trouvant
de nouveau ses lévites endormis, il sonne un épouvantable
tocsin en France, et charge Napoléon de le faire retentir
avec le bronze sur toute la terre. *Aujourd'hui l'Orient
le rappelle.*

Voilà le *juif errant*, mais ce n'est point un homme;
il ne se nomme point Ahasverus, il se nomme ISRAEL[1].

Mais quels sont les lévites du peuple de **DIEU**? où sont
les oints du **SEIGNEUR**? où sont les sentinelles haut-
placées, chargées de la direction des peuples conquis?
comment se nomment les ministres du **TRÈS-HAUT**,
qui doivent un jour, à un même signe, faire marcher tous
ces peuples à l'universelle communion? Ils se nomment

(1) Je ne voudrais pas que vous vissiez ici une critique de
M. Quinet, quoique son Ahasverus ne soit à mes yeux qu'un
grand espoir, qu'un essai d'un génie qui n'a pas encore trouvé
son cadre et sa forme; d'ailleurs j'ai vu dans la *Revue des Deux-
Mondes* des pages que, par réaction, vous lui avez inspirées, et
n'eût-il fait que cela, malgré l'excès du sentiment chrétien que ces
belles pages renferment, j'espérerais beaucoup en lui, et je l'ai-
merais.

PROPHÈTES, mais ils se nomment aussi ROIS; le droit
et le fait, le *savoir* et le *pouvoir*.

Or, voyez comme les chrétiens ont fait peu de chose
en Europe tant qu'ils n'ont pas trouvé un Constantin;
voyez comme Luther aurait avorté, s'il n'avait pas eu
pour lui promptement des têtes couronnées; voyez même
Voltaire sans Frédéric et Catherine.

Prophète, que votre voix parvienne à l'oreille des rois,
si vous voulez affranchir les peuples; depuis trois siècles
les prophètes ne veulent être écoutés que des peuples!
Vrais chrétiens, ils négligent ou méprisent les *puissants
de la terre!* Quoi? Jésus aurait-il raison jusqu'à la fin,
et parce que CÉSAR a porté la glorieuse épée, faut-il donc
qu'il meure par l'épée? n'est-il pas déjà assez mutilé par
la hache? Non, à sa noble vie nous ne donnerons pas
une mort infâme; plus d'échafaud pour Louis XVI, plus
de Sainte-Hélène pour Napoléon. Le jour de la justice ap-
proche; Dieu n'a pas fait tomber toutes les têtes couronnées, parce qu'il ne veut pas faire peser sur l'humanité,
jusqu'à la fin des siècles, le poids d'immenses ingratitudes.

Prophète, songez que les rois de nos jours ne peuvent
pas être des David, des Salomon, rois et prophètes à la
fois. Ne prenons pas le présent pour l'avenir; il y a encore
deux pouvoirs dans le monde, celui des prophètes et celui
des rois. Eh bien! ces deux pouvoirs ne finiront pas par
une bataille, ou bien ils y périraient tous deux, et l'humanité tout entière avec eux, car le vainqueur ne pourrait
régner sur l'avenir, qui ne veut qu'un maître pacifique et
non un bourreau couvert de sang.

Prophète, relisez le *Nouveau Christianisme* de Saint-
Simon.

Je crois qu'alors vous aurez compris mon idée, et que
ma lettre, souvent confuse et désordonnée, sera comme ces

preludes bizarres qu'un compositeur exécute avant d'écrire, et dans lesquels un artiste seul peut découvrir et suivre l'inspiration qui anime le musicien.

Relisez le *Nouveau Christianisme*, et si vous avez l'occasion de voir Rodrigues et de causer avec lui, je vous engage fort à la saisir.

Adieu, mon cher monsieur; merci encore une fois. Dites à Guéroult, je vous prie, combien je lui sais gré d'avoir exécuté si heureusement la commission dont je l'avais chargé près de vous. Ne nous faites pas attendre long-temps de nouveaux travaux, car ils sont pour nous de vraies bénédictions de **DIEU**.

A travers l'espace je vous serre bien affectueusement la main.

Barrage du Nil, 11 octobre 1835.

P. S. Je viens de lire dans la *Revue des Deux-Mondes* votre préface du Reischbilder; elle me fait presque considérer ma longue lettre comme inutile; car cette préface me montre que tout ce que je vous écris était déjà en vous, et que la route que je vous indique est tout simplement *votre* route; seulement vous attendez le *temps* opportun pour marcher, et vous faites bien.

PARIS. — IMPRIMERIE DE E. DUVERGER,